10 PROTOCOLES POUR RÉUSSIR SON ANNÉE

10 PROTOCOLES POUR RÉUSSIR SON ANNÉE

Les secrets de ceux qui vont de victoires en victoires chaque année

MARTHE CARINE NJAKOU

Auteur: MARTHE CARINE NJAKOU

Chef d'entreprises, investisseure, coach professionnelle certifiée, leader d'organisation

Facebook: @marthecarineofficiel

Instagram: @marthecarine

YouTube : Marthe Carine

Site Web: linktr.ee/marthecarine

Courriel: info@mc-investmentgroup.com

Contact: +1(873)3554909

Autres livres du même auteur :

- Proclame sur ton business - La puissance des proclamations pour les hommes et les femmes d'affaires
- 2 clés du succès: Comment changer sa vie, les choses qui ne s'apprennent pas à l'école

Éditeur : Les Éditions Mathias

Yaoundé, Cameroun

Courriel: contact@leseditionsmathias.com

Site Web: leseditionsmathias.com

ISBN-13 : 978-9-9563-9759-4

SOMMAIRE

REMERCIEMENTS

À

Mon époux, qui me soutient de façon indéfectible.

Mes enfants naturels et spirituels pour leur amour.

Mes mentorés et mes protégés de croire en moi quoi qu'il arrive.

Mes mentors et devanciers.

Mon mentor Nkechi Okorocha pour les leçons de vie et le modèle qu'elle est pour moi.

FDE, un lieu d'apprentissage en continu.

PRÉFACE

Quand ma Mentor, Marthe Carine, m'a demandé de rédiger la préface de ce livre portant sur 10 protocoles pour réussir son année, je me suis sentie honorée et en même temps intriguée.

Premièrement, je me suis sentie honorée parce qu'habituellement, les auteurs se font préfacer par leurs leaders. Mais dans son cas, femme entrepreneure de haut vol et leader de sa carrure, en me confiant cette noble tâche, elle manifeste ainsi une humilité troublante et une simplicité qui impose le respect.

Ensuite, j'ai été intriguée parce que je me dois d'utiliser des mots justes et mesurés pour recommander ce livre qui est assez particulier, de par la qualité et la richesse de ses enseignements. Je me dois par-dessus tout, de saisir cette occasion pour présenter ce Mentor extraordinaire, Marthe Carine Njakou, ainsi que la qualité de ses enseignements à la multitude.

Sur ce, je recommande non seulement ce livre, mais également ceux qu'elle a écrits plus tôt dans sa carrière, et dont l'un est un Best-seller.

Proclame sur ton business - La puissance des proclamations pour les hommes et les femmes d'affaires

2 clés du succès: Comment changer sa vie, les choses qui ne s'apprennent pas à l'école

Mon vœu le plus cher est de vous recommander ce nouveau livre portant sur 10 protocoles pour réussir son année, comme une boussole à utiliser pour accéder au niveau supérieur. Ce livre est en quelque sorte l'expression d'une grande générosité, car elle y partage les secrets du succès de ses propres entreprises. Marthe Carine est une faiseuse d'exploits incomparable et surtout une faiseuse de leaders. Elle fait partie de cette minorité de personnes qui veulent aller plus loin avec les autres.

Étudiez ce livre et appliquez les protocoles qu'elle y a gracieusement partagés! Comme dans mon cas, les résultats ne tarderont pas à se faire voir dans la quasi-totalité des sphères de votre vie. La particularité de ce contenu est liée non seulement à sa richesse, mais aussi à la simplicité des mots choisis pour le rendre accessible à tous. Un autre talent peut être ignoré de son auteure est qu'elle est également une enseignante dans l'âme. Transmettre est son art.

En mettant en pratique les protocoles enseignés dans ce livre, vous activerez l'accélération divine dans vos entreprises. Je suis confiante que vous apprécierez et profiterez de la lecture de ce livre comme je l'ai fait. Suivez ces protocoles et vous arriverez plus vite au prochain niveau de votre croissance personnelle et professionnelle!

Lina Aroba

Coach en Éveil de conscience

Thérapeute psychosociale

Auteure

Copropriétaire des Éditions Mathias

INTRODUCTION

Le succès d'une année dépend de sa préparation. Si vous voulez des résultats différents chaque année, vous devez prendre le soin de vous préparer. Généralement, des personnes sont surprises de se retrouver, année après année, avec les mêmes échecs, les mêmes obstacles, en dépit de leur volonté de réussir et de donner le meilleur d'eux-mêmes.

Si vous questionnez un entrepreneur immobilier qui a bâti un immeuble, il vous dira certainement qu'il ne s'y est pas pris du jour au lendemain. Il a mis du temps pour se préparer à travers l'achat d'un terrain, la création d'un plan, l'implémentation du plan sur le terrain et le lancement des travaux de construction. Toutes ces étapes lui ont certainement coûté beaucoup d'argent.

Cela nous permet de comprendre qu'avant de passer à l'action pour son projet, il a pris un moment considérable pour se préparer. Il a également en épargné le budget nécessaire pour la réalisation de son projet.

Il en est de même pour tout projet que nous désirons réussir dans la vie. La clé du succès se trouve dans la préparation. Le succès d'une année ne se situe pas en dehors de cette norme. Lorsqu'on est ambitieux et qu'on a dit "non" au statut quo et à la médiocrité, l'on attache du prix à la croissance dans tous les domaines de sa vie, année après année. Cependant, cette évolution ne se fait pas au hasard. Elle nécessite une préparation préalable.

Entrer dans une année sans se préparer, c'est probablement le raccourci idéal pour ne pas atteindre ses objectifs fixés lors de sa planification annuelle. Vous pouvez disposer de toutes les stratégies, avoir le plus grand réseau d'affaires, maîtriser toutes les techniques, mais sans une bonne préparation, tout cela ne vous sera peut-être d'aucune utilité.

La grande question que vous devez certainement vous poser, c'est celle de savoir comment vous préparer concrètement pour une année réussie. Vous avez raison de vous questionner car malheureusement, l'on n'apprend pas ces choses sur les bancs de l'école. C'est pourquoi vous verrez des gens avec un niveau d'études très élevé, mais qui ont quand même échoué dans leur vie.

Dans ce livre, vous trouverez 10 protocoles de préparation pour réussir votre année. Un protocole est un ensemble de règles à appliquer pour obtenir un certain résultat. Les protocoles que je partage avec vous dans ce livre sont ceux que je mets en place pour préparer chacune de mes années et, jusqu'ici, je n'ai jamais été déçue. Ce sont des protocoles standards englobant des recommandations divines à respecter chaque année pour réussir.

Après avoir enseigné cela plusieurs fois de manière orale et à une audience restreinte, j'ai décidé de les mettre dans un livre afin que les générations futures ainsi qu'un plus grand nombre de personnes en bénéficient. Ils représentent une clé infaillible pour toute personne qui veut bien commencer son année et surtout bien, la terminer.

Respectez- les et vous irez toujours de gloire en gloire.

PREMIÈRE PARTIE : LES BASES DU SUCCÈS D'UNE ANNÉE

CHAPITRE 1: POURQUOI PRÉPARER SON ANNÉE ET QUAND COMMENCER?

Le succès d'une année se trouve dans sa préparation. Vous devez apprendre à préparer votre année spirituellement et physiquement. Celui qui planifie a déjà réussi à 40%!

La préparation vous aidera à :

- Fixer des objectifs ;
- Éviter de répéter les mêmes erreurs chaque année ;
- Économiser de l'argent en supprimant les dépenses inutiles ;

- Anticiper sur les choses futures ;

Gagner plus d'argent

La plupart des humains préparent leur nouvelle année en Décembre ou au début du mois de Janvier. Certains attendent les directives de leurs Pasteurs pour savoir ce que Dieu dit par rapport à leur année. Il n'est pas vain, encore moins mauvais d'écouter le message de l'Homme de Dieu par rapport à votre année. En réalité, il devrait juste venir confirmer votre révélation personnelle.

C'est dans le processus de préparation que Dieu vous montre ce qu'il attend de vous pour l'année à venir. Beaucoup sont cloués dans les petits projets parce qu'ils n'ont pas encore appris à préparer l'année au bon moment. Certains n'ont parfois quasiment aucun projet à réaliser. De ce fait, ils sont poussés par le vent et se retrouvent à faire des projets minables pour essayer de donner du sens à leur année et gagner un semblant d'impression de ne pas perdre leur temps.

Les grands projets nécessitent un temps de réflexion, d'analyse et de jugement longtemps avant le moment de leur réalisation. Si vous savez comment vous y prendre tôt, il y a de grandes chances que le cours de votre vie change parce que vous avez appris à planifier votre année au bon moment.

Alors, à quel moment commence-t-on à préparer son année ?

Je recommande de commencer au mois de Septembre. Étant donné que c'est le neuvième mois de l'année, on doit avoir réalisé au moins 70% des objectifs de l'année en cours. Si l'on constate à ce moment que ce quota n'est pas encore atteint, c'est l'opportunité de prendre des dispositions pour y arriver.

De plus, cette période de l'année correspond à la période du nouvel an juif. Encore appelée Roch Hachana, cette période de l'année est considérée comme « le Jour du jugement ». C'est un moment pour les Juifs de faire leur examen de conscience et leur bilan. Le fait de s'y prendre plus tôt leur donne de l'avance sur nous. En préparant votre année plus tôt, vous avez l'opportunité de recevoir plus de révélations, moins de stress et plus de percées.

Ceux qui prennent le soin de préparer leur année avec un peu d'avance par rapport à l'individu lambda connaissent toujours le succès. Tout au long de l'année, ils peuvent rencontrer des challenges, mais ils trouvent toujours un moyen de rebondir. Ce sont des personnes qui expérimentent des percées extraordinaires. En général, leur succès ne les surprend pas, car ils avaient déjà ressenti cela dans le temps de préparation. Cette année, faites les choses différemment pour expérimenter le grand pouvoir qui réside dans la préparation d'une année.

CHAPITRE 2 : LES BÉNÉDICTIONS QUI ACCOMPAGNENT CHAQUE ANNÉE

Chaque année, quatre bénédictions frappent à votre porte. Dans ce livre, je vous apprendrai à les identifier, à les accepter et à les manifester.

a) La sagesse

Elle est disponible pour qui la cherche.

Qui veut aller loin dans la vie doit rechercher la sagesse ; quiconque veut réussir son année et faire des exploits doit la désirer. L'une des bénédictions que nous recevons chaque année, c'est la bénédiction de la sagesse. Dieu vous enverra toujours des personnes pour vous enseigner chaque année, pour vous monter le chemin. Cependant, tout dépend de vous. Pour que ces personnes partagent avec vous leurs connaissances, vous devez au préalable les reconnaître et les accepter dans votre vie.

La sagesse vous permettra de discerner quel chemin emprunter au milieu des situations difficiles, elle vous permettra d'avoir la direction divine et de prendre les bonnes décisions. Une personne qui marche sans la sagesse divine va tourner en rond pendant des mois, et prendra trop de temps pour accomplir des choses.

Comme la femme sage qui bâtit sa maison, une personne sage réalisera de grands exploits chaque année. La sagesse est une bénédiction que Dieu donne à quiconque la lui demande. Cette année, prenez la peine de demander la sagesse des rois à Dieu et vous verrez les résultats que vous récolterez en fin d'année.

b) La santé

Je souhaite que tu prospères à tout égard comme prospère l'état de ton âme.

La santé est la deuxième bénédiction que Dieu nous accorde pour réussir notre année. Si vous travaillez à faire prospérer votre âme, à sortir de la vaine manière de vivre, cela aura un impact indéniable sur votre état de santé. Faire prospérer votre âme, c'est prendre la décision de guérir de vos blessures émotionnelles, de grandir dans votre vie spirituelle et de vous séparer de toute chose toxique pour votre épanouissement émotionnel et physique.

Tout comme les autres bénédictions que nous recevons en début d'année, la santé est disponible, mais c'est nous qui devons aller la chercher. Cela nous engage à un léger effort personnel. Pour saisir la bénédiction de la santé, vous devez poser **intentionnellement** des actions spécifiques.

Cette année, travaillez à avoir des pensées positives, des paroles positives, choisissez votre entourage et les personnes avec qui vous échangerez au quotidien. Déclarez la vie, la santé, la prospérité, même quand vos yeux témoignent le contraire. Faites l'effort de pardonner à vos ennemis et de faire un trait sur le passé ; votre estomac et votre foi vous remercieront.
Travaillez à être une personne souriante et bienveillante et vous verrez comment vous tomberez moins malade, et comment vous guéririez spontanément de certaines maladies. Prenez soin de votre corps, faites des exercices régulièrement, prêtez attention à ce que vous consommez, et votre corps se portera de mieux en mieux. Les bénédictions de Dieu pour vous ne sont pas épuisées, mais elles se renouvellent chaque matin. Par conséquent, votre état de santé peut se renouveler chaque matin dans l'année, si vous acceptez de faire votre part.

c) La richesse

Isaac sema cette année et récolta au centuple.

Il n'y a rien de plus disponible dans la vie d'une personne qui sait semer que la richesse. Chaque année, Dieu accorde une portion de richesse dans votre vie. La mauvaise nouvelle est qu'elle est proportionnelle à votre semence. Plus vous semez, plus vous donnez, plus vous relâchez, plus vous recevez aussi.

Certains sont souvent surpris de ne recevoir que très peu, mais ils ne se posent jamais la question de savoir quelle est la qualité de ce qu'ils donnent. Dans la parole, il est écrit :

Isaac sema dans ce pays et il recueillit cette année le centuple, car l'Éternel le bénit. Cet homme devint riche, et il alla s'enrichissant de plus en plus, jusqu'à ce qu'il devînt fort riche.

Genèse 26:12-13

La richesse ici vient sous plusieurs formes, en commençant par l'idée et l'instruction. Dieu ne donne jamais les billets de banque à une personne, Il donne les idées, des instructions, une conviction, la force et des connections divines pour faciliter des choses pour vous.

Malheureusement, même après avoir reçu l'instruction et discerné qu'elle vient de Dieu, la majorité des gens prennent beaucoup de temps pour agir. Ce faisant, ils ratent la saison favorable, ou alors ils n'agissent même pas, et la provision n'arrive jamais dans leur vie. L'un des secrets de la richesse avec Dieu est de passer à l'action aussitôt qu'on reçoit la révélation.

Rarement, vous verrez des personnes qui regrettent d'être passées à l'action après avoir reçu une instruction divine. À contrario, vous verrez d'autres qui se lamentent, car une autre personne a finalement fait ce qu'elles étaient censées faire et a connu du succès.

Cette année, arrêtez de semer pour ensuite attendre sans rien faire de concret. Faites attention à l'instruction divine que Dieu vous donnera et soyez ferme pour réaliser cette instruction. J'ai réalisé de grandes choses dans ma vie, car j'ai appris à écouter l'instruction divine après mes semences.

d) Les connections divines

Quel est ce grand Homme qui s'est accompli seul ? Moïse a eu besoin d'une Myriam et d'un Aaron pour l'aider, David a eu besoin d'un Jonathan pour l'aider alors que Saül voulait sa peau. Tout faiseur d'exploit a besoin de connections divines pour se réaliser. Chaque année vient avec son instruction et sa particularité, chaque année vient avec ses nouvelles connections dont le but est de vous faciliter la tâche pour un objectif bien spécifique.

Cela ne veut pas dire qu'on doit abandonner les anciennes personnes qui, jadis, ont été là. Nous devons continuer à leur accorder révérence et honneur. Cependant, nous devons avoir la sensibilité des temps et des saisons pour savoir ce que Dieu attend de nous en termes de connections divines. Le challenge à ce moment se trouve souvent dans la capacité à identifier les connections divines, en fonction de la saison dans laquelle nous nous trouvons.

Dans tous les cas, quelles que soient ces connections, elles auront toujours un rôle à jouer dans ces 4 secteurs de notre vie : au niveau spirituel, familial, économique ou du bien-être. Ce sont des personnes qui sont déjà prêtes à nous aider, comme si elles avaient déjà été préparées à l'avance.

Toutefois, évitons d'être des parasites dans la vie de ces personnes. Autant elles nous bénissent, autant nous devons les bénir en retour. Cette année, faites attention à ceux qui sont déjà dans vos vies et à ceux qui y entrent. Ne faites pas l'erreur de négliger et de passer à côté de cette connexion qui pourrait changer les choses dans votre parcours.

DEUXIÈME PARTIE : LES PROTOCOLES POUR POSSÉDER SON ANNÉE

PROTOCOLE 1 : MARCHER PAR L'ESPRIT ET CULTIVER EN SOI L'HOMME ESPRIT

Celui qui marche par l'Esprit aura des percées surnaturelles et une prospérité stable qui dure dans le temps. Le secret de ceux qui font des exploits avec Dieu c'est qu'ils ont accepté de devenir des Hommes esprits, car ils ont compris que tout est d'abord spirituel avant d'être naturel.

Alors, c'est quoi marcher par l'Esprit ?

Marcher par l'Esprit c'est tout simplement se laisser guider par le Saint-Esprit qui est le paraclet, le consolateur, notre guide. Le Saint-Esprit est la troisième personne de la Sainte Trinité, c'est Dieu présent en nous. La Bible nous dit que le Saint-Esprit nous enseignera toute chose, mais il faut déjà être avec Lui pour pouvoir l'écouter.

Demeurer avec le Saint-Esprit, c'est bâtir une relation intime avec Lui et vivre en totale dépendance de Lui. En développant cette intimité sur une base régulière, le Saint-Esprit va nous guider tous les jours pour toutes les choses que nous aurons à faire, y compris les plus banales comme se vêtir, planifier le menu de la semaine, effectuer une sortie…Il nous dira à chaque fois si la voie que nous prenons pour x ou y projet est la bonne ou pas.

Comment sait-on que c'est le Saint-Esprit qui nous parle ? Le Saint-Esprit a plusieurs méthodes pour nous parler, mais nous devons être attentifs pour saisir sa parole. Il nous parle souvent par cette petite voix qui refuse de se taire tout au fond de nous, par le conseil d'un tiers, ou tout autre chose qui fait un écho en nous. Cependant, ces choses doivent passer différents filtres.

- Conformité à la parole de Dieu : rassurez-vous que ce que vous avez écouté ne va pas à l'encontre de ce que la Bible dit.
- Donner la paix au cœur : ce que vous avez reçu vous enlève-t-il le sommeil ?
- Vouloir le bien d'autrui : ce que vous avez écouté met-il en péril l'épanouissement de quelqu'un d'autre ?

Que signifie être un Homme-esprit ?

Manifester l'Homme-esprit consiste à développer la partie esprit en nous de telle sorte que cette partie prenne le dessus sur la chair et l'âme. Voici l'histoire d'une femme qui a su être sensible à l'Esprit à un moment donné de sa vie et cela a changé son histoire pour toujours. Il s'agit de la femme sunamite.

C'était une femme de distinction, riche et de haute classe, établie dans la nation. Elle était mariée, mais n'avait pas d'enfants. Cependant, elle avait cette sensibilité spirituelle de reconnaître que l'homme de Dieu, le prophète Élisée, portait quelque chose de spécial. Au début, lorsque l'homme de Dieu venait à Sunem, elle le pressait de venir manger chez elle. Puis un jour, elle s'arrangea avec son mari pour qu'ils ménagent une chambre à Élisée. Cela fut fait et l'homme de Dieu se reposait dans cette chambre à chaque fois qu'il était de passage dans la ville.

Un jour, le prophète Élisée va dire à Guéhazi, son assistant, de demander à la femme ce dont elle a besoin. La femme va répondre qu'elle n'a besoin de rien. Effectivement, étant riche, elle ne manquait de rien et jouissait de bonnes relations dans la ville. Mais Guéhazi remarquera qu'elle n'a pas d'enfant et le mentionnera à Élisée. Ce dernier va déclarer des bénédictions sur elle. Il lui dira que l'année suivante, à la même période, elle aura un fils. Effectivement, l'année qui suivait, à la même période, elle donna naissance à un fils et l'enfant grandit.

Des années plus tard, l'enfant eut un problème et il mourut. Quand cela arriva, en toute confiance, elle alla encore rencontrer l'homme de Dieu et insista pour qu'il vienne voir l'enfant. Élisée vint prier pour son enfant et ce dernier revint à la vie.

Dans cette histoire, nous voyons comment la sensibilité aux choses spirituelles permet de posséder les choses extraordinaires. Cette femme de distinction avait déjà atteint un certain niveau dans la vie, mais il lui manquait quelque chose : un enfant. C'était une femme qui avait déjà compris comment fonctionnait les choses de l'esprit. En honorant Dieu au travers de son serviteur Élisée, elle a obtenu un miracle qu'elle n'attendait plus. **2 Rois 4 :8-37**

Cette année, marchez par l'Esprit pour expérimenter les percées activées par l'Esprit. Soyez sensible lorsque le Saint-Esprit vous donne des instructions, et n'hésitez pas à lui obéir en faisant rapidement ce qu'il vous a instruit de faire.

Les signes qui montrent que vous ne marchez pas par l'Esprit

Voici quelques signes qui montrent que vous ne marchez pas par l'Esprit. Ces signes montrent que vous n'avez pas encore donné la place qu'il faut à l'Esprit-Saint dans votre vie. Les identifier vous aidera à prendre de bonnes décisions cette année.

- **Les insultes, la jalousie**

En effet, l'homme livré à lui-même, dans toutes ses tendances, n'est que haine de Dieu : il ne se soumet pas à la Loi de Dieu car il ne le peut même pas. Les hommes livrés à eux-mêmes ne sauraient plaire à Dieu. Vous, au contraire, vous n'êtes pas livrés à vous-mêmes, mais vous dépendez de l'Esprit, puisque l'Esprit de Dieu habite en vous. Si

quelqu'un n'a pas l'Esprit du Christ, il ne lui appartient pas.

Romains 8 :7-9(version Semeur)

Lorsque vous vous jalousez les uns les autres et que vous vous disputez, n'êtes-vous pas semblable à des hommes livrés à eux-mêmes ? Ne vous comportez-vous pas d'une manière toute humaine et non spirituelle ? Lorsque vous êtes encore voués à l'homme charnel, vous manifestez des choses comme la dispute, la jalousie, les discordes de tous genres les uns envers les autres. Ce sont des signes qui montrent que vous n'avez pas encore développé l'homme-esprit en vous.

- **La reconnaissance humaine**

Quand vous recherchez encore la gratification à temps et à contretemps, quand vous donnez plus d'importance à la reconnaissance humaine avant la reconnaissance divine, lorsque vous avez faim des louanges et des premières places, cela veut dire que votre Homme esprit n'a pas encore pris assez de place en vous.

- **La banalisation de son corps**

Quand vous aspirez à de grandes choses, vous ne banalisez plus votre corps, vous ne le livrez plus à tout premier venu. Votre corps est le temple de Dieu, vous devez le gérer différemment et avec beaucoup d'égard. Vous devez éviter de vous engager à des pratiques qui n'honorent pas Dieu.

Alors que vous me lisez, le Saint-Esprit rend témoignage en vous, il attire votre attention sur ce que vous faites souvent et qui ne l'honore pas. Il peut s'agir de pratiques sexuelles, de votre style de vie, de pratiques en termes d'alimentation ou alors ce qu'on appelle vulgairement le "péché mignon". Des fois, vous avez souvent cette voix au fond de vous qui vous interpelle en vous disant que ce que vous faites n'est pas pur. Malheureusement, cette voix est souvent ignorée. Cette année, écoutez-la, obéissez-lui afin de vivre l'extraordinaire divin.

- **L'orgueil**

S'il y a une chose qui détruit tellement de destinées, c'est bien l'orgueil. Il se manifeste quand on se croit tout puissant, avec des solutions à tout et au-dessus de tout le monde. Si vous avez l'intention de renforcer effectivement cet Homme-esprit en vous, vous devez lâcher prise. Vous devez déposer l'orgueil, abandonner la sagesse humaine et rechercher la sagesse qui vient de Dieu. Je vous renvoie encore dans 1 Corinthiens, du chapitre 2 au chapitre 4, pour mieux comprendre.

Quelques bénéfices de développer l'Homme-esprit pour réussir son année

Lorsque vous avez à cœur de développer la dimension esprit, vous en tirez également les bénéfices liés à la manifestation de l'Homme-esprit.

- **La sensibilité et la compréhension des choses divines**

Une année arrive généralement avec de nouvelles choses qui nous amènent à faire des choix. Comment faire un bon choix qui nous garantit le succès ? Pour effectuer un bon choix, nous avons besoin de la direction divine et cette dernière s'acquiert avec la sensibilité et la compréhension des choses divines.

Dieu donne la direction à ceux qui le cherchent. L'apôtre Paul dit dans 1 Corinthiens 2:14: "***Mais l'homme animal ne reçoit pas les choses de l'esprit de Dieu car elles sont une folie pour lui et il ne peut les connaître parce que c'est spirituellement qu'on en juge.***"

Il y a des choses sensibles que l'homme animal ou ordinaire ne peut pas percevoir, ni comprendre. Pour l'homme animal, ces choses-là sont des folies. Le cas de la Sunamite, la femme de distinction, est explicite. Dieu avait semé dans son cœur le "tout va bien", elle a capturé cette conviction et a agi conformément à elle. C'est pourquoi elle n'a pas alerté son entourage lorsque son fils est mort, elle ne s'est pas affolée devant sa situation, car elle se disait en elle-même : *"Tout va bien."*

Cette année, ayez la sensibilité pour discerner ce que Dieu dit par rapport à votre situation. Des fois, vous serez convaincus d'être capable de faire l'impossible, grâce à la parole que vous avez reçue du Seigneur. Malgré le découragement des autres, vous allez persévérer et vous aurez la victoire, car cette conviction vient de Dieu.

Parfois aussi, vous allez manquer de paix par rapport à certaines situations et percevoir un feu rouge qui vous arrête d'agir. N'avancez pas quand vous le recevez, car Dieu n'est pas avec vous dans cette affaire. Avant chaque combat, David consultait Dieu, et ne s'engageait seulement que si Dieu était avec lui.

Cette sensibilité vous permettra aussi de déterminer les temps et les saisons dans lesquelles vous vous trouvez. Chaque chose a sa saison, et une chose qui se réalise hors de son temps ou de sa saison est illégale. Une vie arrachée en dehors de son temps n'est pas normale, il faut contester cette réalité. C'est ce que la sunamite a fait. Elle a compris que ce n'était pas le temps de son enfant de mourir et elle a contesté cette mort.

Un jour, une dame qui venait de se marier et avait un petit enfant, m'a demandé si c'était le moment pour elle de faire les conférences à travers le monde. Dans son propos, elle ajouta qu'elle savait être appelée à faire ces choses, et elle en avait la volonté, mais elle ne comprenait pas pourquoi elle avait cette lourdeur et ce manque de paix lorsqu'il s'agissait de cela. Après l'avoir écoutée, je lui ai dit que c'était parce que la saison pour ces activités n'était pas encore arrivée.

Elle était dans une saison dans laquelle elle devait bâtir les fondations de sa maison et prendre le temps pour connecter avec son époux et ses enfants. Après, viendra un moment où elle ferait le tour du monde.

Cette année, vous ne devez plus vous comporter n'importe comment. Certaines de vos souffrances persistent année après année parce que vous n'avez pas développé la dimension de l'Homme-esprit. Vous ne marchez pas avec l'Esprit, et vous n'êtes pas sensible à Lui. Les personnes qui font de grands exploits vont souvent à contre-courant, car il y a une force indescriptible au fond d'elles, qui les poussent et les motivent.

Parfois, vous devez aller à contre-courant pour avoir

votre miracle. Il y aura des saisons où vous ferez ce que les autres ne font pas pour expérimenter une dimension supérieure. Pour cela, vous devez être sensible spirituellement.

- **Récolter les biens de ce monde**

Tout ne s'achète pas avec les billets de banque. Cette année, vous devez assister au transfert de richesses, vous devez recevoir certains biens sans les acheter.

"***Si nous avons semé parmi vous les biens spirituels, est-ce une grosse affaire si nous moissonnons vos biens temporels*** ?"

1 Corinthiens 9 :11

Les biens temporels sont les biens de ce monde : les maisons, les voitures, les beaux vêtements, les terrains, tout ce qui frappe à l'œil, etc. La condition pour les obtenir, c'est d'avoir semé parmi vous les biens spirituels. Pour semer les biens spirituels, il faut d'abord être homme spirituel, Homme-esprit.

Je vais vous donner un secret, un secret qui n'a jamais trahi, le secret de ceux qui moissonnent avec Dieu et qui récoltent avec Dieu. Ce secret consiste à semer les biens spirituels qui consistent à aider une autre personne à connaître Dieu et à marcher avec Lui. Toute personne qui a fait ça, qui a semé ce genre de choses dans la vie d'autres personnes, a reçu une bénédiction particulière de génération en génération.

Toute personne qui a appliqué ce secret dans sa vie, a récolté ce qu'on appelle ici les biens temporels.

La personne qui a montré l'exemple, qui a enseigné l'autre, l'a pris d'un point A et l'a amené à un point B. Ainsi, on voit la croissance, on voit l'évolution, on voit le développement. Quand vous prenez la peine de faire ça dans la vie d'un être humain, à coup sûr, vous allez récolter les biens temporels.

- **La victoire dans les combats spirituels**

Car les armes avec lesquelles nous combattons ne sont pas charnelles, mais elles sont puissantes par

la vertu de Dieu pour renverser les forteresses.

2 Corinthiens 10:14

Quand vous devenez une personne spirituelle, une personne esprit, vous n'utilisez plus les armes charnelles, mais les armes spirituelles qui sont puissantes pour renverser les forteresses.

Cette année, il y a des forteresses à renverser pour expérimenter votre succès. La victoire vous appartiendra lorsque vous allez gérer vos combats comme une femme ou un homme-esprit.

Très souvent, à tort, certaines personnes pensent qu'elles n'ont pas droit au bonheur. Elles sont convaincues que le mariage divin et la prospérité ne leur sont pas réservés. Parfois, les mauvais exemples observés dans leurs familles de générations en générations les motivent à croire qu'il n'y a plus d'espoir pour eux. Ils se disent que l'histoire va se répéter dans leur destinée.

Malheureusement, cette réalité qui n'est pas une vérité divine peut s'imprégner dans leur subconscient et les amener à repousser la bénédiction sans s'en rendre compte. Quand on se retrouve dans cette situation, un renouvellement de l'intelligence s'impose car la prière de délivrance et les déclarations sont presqu'impuissantes. Le problème à ce moment vient de votre système de pensées qui a été corrompu. En devenant un Homme-esprit, ça devient plus facile pour vous de changer de mentalité et d'aller au combat avec l'assurance de la victoire.

C'est la raison pour laquelle cette année, vous devez payer le prix pour devenir un Homme-esprit. Vous devez payer le prix pour faire corps avec ces choses spirituelles, ces choses sensibles afin de détrôner les forteresses qui se sont installées dans vos vies de génération en génération. Il faudrait qu'à partir de vous, une nouvelle expérience soit visible dans votre famille ; qu'à partir de vous, un nouveau cycle commence dans votre famille, dans votre lignée. Que les dominations et les forteresses soient brisées à partir de vous cette année où Dieu vous attend dans la prière et le calme.

Durant cette année, Dieu vous parlera sur votre propre vie, sur votre famille, sur les autorités et les dominations qui empêchent le bonheur dans votre famille élargie. Il y a des familles où les gens ne se marient pas, n'enfantent pas, ne prospèrent pas, et même quand ils réussissent à se marier, ils finissent par se séparer ou par divorcer. Dieu veut détruire ces forteresses par vous, Il veut bénir votre famille, bénir votre lignée. Vous ne souhaitez pas que votre descendance subisse ce que vos parents ou vous-même avez subi. Développez cette dimension esprit et le Saint-Esprit vous parlera, Il vous enseignera toutes choses, il vous montrera quelles sont les armes spirituelles à utiliser.

Ainsi, vous avancerez de gloire en gloire, de conquête en conquête, de domination en domination, de faveur en faveur, de percée surnaturelle en percée surnaturelle.

Cette année, nous sommes prêts et nous sommes chargés à bloc, car nous savons avec qui nous avançons. Nous avançons avec le Roi de la tribu de Judas, notre Dieu qui est assis sur son trône, le Saint-Esprit qui nous enseigne toutes choses et qui nous renforce. Cette année, c'est une année de percée, de grâce surabondante.

PROTOCOLE 2 : AVOIR UNE VISION

Chaque année vient avec sa vision, sa particularité et son lot de choses à réaliser. Vous devez prendre le soin de nommer chacune de vos années. Depuis plus de 7 ans, j'applique cette règle et je me suis rendu compte que chaque année répondait au nom que je lui donnais. J'ai appelé certaines années année de gloire, année de grâces surabondantes, année de victoires, année d'exposition et du briller. Chacune de ces années a été particulière, et le nom donné me permettait d'avoir une direction et de faire de bons choix.

Comment allez-vous nommer cette année ? Quelle est la conviction que Dieu a mise dans votre cœur ? Quel est le texte biblique qui se rapproche de cette révélation ? Lisez ce texte à plusieurs reprises pour avoir les détails de votre vision par rapport à votre vie. Notez tout ce qui vous viendra à l'esprit et continuez à prier. Vous verrez qu'au fur et à mesure que le temps passera, les choses se confirmeront, ou l'explication sera de plus en plus claire.

Je me rappelle qu'une année, Dieu m'avait recommandé la discrétion. Au début, je ne comprenais pas pourquoi. Cette même année, Il m'avait recommandé de beaucoup me former, ce que je fis. Durant l'année, je recevais des invitations pour intervenir à des conférences à travers le monde. À chaque fois, Dieu mettait un frein, et je me calmais directement. Entre temps, j'investissais mon temps à me former en profondeur et à apprendre à écouter le Saint-Esprit.

À la fin de cette année, j'étais une personne totalement différente. J'avais créé de nouvelles sources de revenus et écrit des livres fantastiques. Des personnes extraordinaires et élevées en dignité venaient vers moi, les gens étaient prêts à doubler la mise pour m'avoir dans leurs événements. Je pense que je n'aurais pas eu cette expérience si je n'avais pas été obéissante à la recommandation de la discrétion.

3 bénéfices d'avoir une vision pour votre une année

L'organisation

La vision est une boussole pour vous, une lampe à vos pieds. Elle vous permet d'avoir une organisation stricte. Écrivez votre vision de l'année ainsi que les objectifs qui en découlent.

Segmentez vos objectifs en trimestre pour vous aider à avoir une visibilité sur les choses que vous devez faire à chaque trimestre de l'année. Ne validez pas plus de 3 objectifs majeurs par trimestre, ce qui correspond à un objectif par mois. Certains me diront que c'est très peu. Croyez-moi, il vaut mieux avoir peu d'objectifs et les atteindre avec brio que d'avoir une longue liste d'objectifs qui nous stresse et qu'on abandonne au début du mois de mars.

J'ai expérimenté le pouvoir de la qualité des objectifs et j'ai réalisé plus de choses valorisantes que lorsque j'avais une tonne d'objectifs. Il fut une année où pendant un trimestre, je devais faire ces trois choses:

- Passer mon permis de conduire ;
- Faire une masterclass ;
- Écrire un livre.

Chaque jour, j'étais focus sur les micros tâches qui allaient me permettre de réaliser mes 3 objectifs à la fin du trimestre. J'étais occupée, mais je n'étais ni épuisée ni stressée. Par la grâce de Dieu, j'ai réalisé ces objectifs, et ça m'a donné un boost incroyable pour trimestre mois suivant. De ce fait, au mois de Septembre où je fais généralement mon bilan de l'année, j'avais déjà réalisé 70% de mes objectifs de l'année et le reste a été réalisé au dernier trimestre de l'année. Cette méthode, je l'enseigne à mes mentorés et ça marche aussi pour eux. Je vous recommande de l'essayer cette année.

La capacité de dire NON

Myles Monroe disait souvent que la vision nous permet de savoir quand dire NON, même si l'on n'a pas envie de le dire. En d'autres termes, la vision vous permet de faire des choix pertinents.

Durant l'année, on est très sollicité sur plusieurs choses et par plusieurs personnes. Parfois, on a du mal à dire non à ces personnes sans culpabiliser. Ce qui vous permettra d'échapper à cette culpabilité c'est votre vision. Soyez fidèle à votre vision et vous réussirez. Quand vous réussirez, vous attirerez à vous plus d'amis. Souvenez-vous que les autres vous sollicitent en fonction de leur vision et non de la vôtre. Votre vision est votre priorité et la priorité des autres n'est pas forcément la vôtre.

Le choix de son entourage

Votre vision vous permettra de savoir avec qui vous devez faire association. Vous savez déjà que si vous marchez avec cinq sages, vous serez le sixième sage. Si l'un de vos objectifs cette année est d'augmenter votre revenu, entourez-vous de personnes qui gagnent déjà ce à quoi vous aspirez. Si votre objectif est d'améliorer votre vie spirituelle, rapprochez-vous de ceux qui ont déjà atteint une dimension plus élevée.

Cette année, faites les choses de façon intentionnelle et vous obtiendrez des résultats que vous n'avez jamais eus ! Le succès avec Dieu n'arrive pas par hasard, il répond à des principes et à une sensibilité spirituelle. Cette année, élevez le niveau, travaillez sur votre discipline émotionnelle afin de ne pas être disqualifié en cours de route.

Ne laissez pas les découragements ou l'attitude des autres être un frein à votre réussite. La parole de Dieu dit que le royaume des cieux est forcé et ce sont les violents qui s'en emparent. Ainsi est votre succès avec Dieu ; forcez-le et vous irez de gloire en gloire.

PROTOCOLE 3 : ACTIVER LE MINISTÈRE ANGÉLIQUE

Cette année, vous ne serez pas seul, vous devez être conscient de la présence et du rôle des anges dans votre réussite. Pour savoir marcher avec les anges, devez comprendre leur rôle. Les anges sont des créatures divines que Dieu a créées pour accomplir Ses desseins sur la terre. Ils ont pour rôle d'apporter des messages sur la terre, et de nous aider à avoir certaines victoires.

S'il est vrai que les anges sont des créatures divines, cela veut dire que vous ne devez pas les adorer parce qu'on n'adore pas la créature, mais le Créateur qui est Dieu. Vous ne devez jamais prier l'ange, vous devez leur donner des injonctions, des décrets et les envoyer en mission.

Comment pouvons-nous utiliser le ministère angélique pendant cette année ? Les anges ont plusieurs rôles ; je vous parlerai de deux dans le cadre de ce livre.

Le premier, c'est le rôle de messager ou de celui qui annonce les nouvelles.

Quand vous voyez l'histoire de Jésus, par exemple, c'est un ange Gabriel qui a été mandaté pour venir annoncer la nouvelle à Marie en l'informant qu'elle allait enfanter et qu'elle allait avoir un fils.

Ce sont des anges qui sont allés à la rencontre des femmes qui couraient au tombeau pour voir Jésus. Ce sont eux qui leur ont dit que Jésus n'était plus au tombeau. Au début de la vie de Jésus et à la fin, les anges sont intervenus. Cela implique que les anges seront également là pour vous annoncer des nouvelles, pour vous montrer le chemin, pour vous dire exactement ce qu'il y a à faire, ce que Dieu a réservé pour vous. Pour cela, vous devez savoir activer le ministère angélique dans votre vie.

Le deuxième rôle des anges, c'est le rôle de combat et de protection.

Dans Matthieu 26:53, la parole nous dit : "***Penses-tu que je ne puisse pas faire appel à mon Père, qui me donnerait à l'instant plus de 12 légions d'anges ?***" Lorsqu'on parle de légion, on voit déjà le combat. La légion représente un corps d'armée qui est là pour combattre et qui est disponible, prêt à tout moment, pour intervenir là où on l'appelle. Si vous les appelez là maintenant, ils atterrissent à la seconde près. Si vous leur donnez l'ordre d'aller d'un endroit à un autre, ils s'exécutent.

L'histoire de l'empire romain nous enseigne que la légion romaine était constituée de 5 000 à 8 000 soldats. Quand

Jésus parle de 12 légions d'anges, il s'agit à peu près de 100 000 anges, c'est à dire des milliers de soldats disponibles à agir. La beauté de l'histoire est que, vous aussi, avez la possibilité de faire appel aux anges et ils interviennent. Tel est notre héritage en Jésus Christ. Jean14 :12 « *En vérité en vérité, je vous le dis, celui qui croit en moi fera aussi les œuvres que je fais, et il en fera de plus grandes, parce que je m'en vais au Père, Et tout ce que vous demanderez en mon nom, je le ferai, afin que le Père soit glorifié dans le fils* ».

Comment active-t-on le ministère angélique?

Dans **Matthieu 26:53**, Jésus parle de faire appel. Cela veut dire que vous activez ce ministère angélique en appelant les anges. Vous devez faire appel au Père Céleste, et lui demander de les envoyer.

Chaque être humain dispose d'un ange gardien qui va le conduire et l'aider au quotidien. Il existe des personnes à qui Dieu a donné la grâce de connaître le nom de leur ange gardien. C'est à vous de faire ce travail et d'activer ce ministère angélique dans votre vie, en les appelant régulièrement.

Cette année, les anges marcheront avec vous, ils vous amèneront à posséder certains niveaux que Dieu a déterminés pour vous, ils vous aideront à conquérir des connexions divines. Observez ce qui s'est passé avec Marie. Elle avait été choisie par Dieu pour porter l'enfant Jésus. Cependant, à son niveau, Dieu ne pouvait pas tout faire. Il a eu besoin d'envoyer un ange pour parler à Joseph qui est l'une des connexions divines de Marie dans sa destinée, pour pouvoir réaliser ce que Dieu avait prévu.

Dieu a quand même eu besoin d'envoyer un ange pour parler à Joseph, afin que ce dernier accepte. Cela nous permet de comprendre que pour attirer certaines connexions divines et les maintenir, vous aurez besoin des anges. À partir d'aujourd'hui, faites appel aux anges de destinée.

Dans nos temps de prière à Faiseurs d'Exploits International (FDE), je vous parle souvent des anges de destinée, parce que je connais et je comprends cet enseignement. Faites appel aux anges de destinée qui vont faire en sorte que vos pas rencontrent les pas des personnes qui en valent la peine dans votre destinée. Ces choses se négocient dans le spirituel. Il faut les apprendre et les intégrer dans son quotidien. Ne vivez plus par hasard, ne faites plus les choses par hasard. Appelez les anges de destinée et ils vous amèneront à rencontrer les puissantes connexions divines qui vont vous aider dans votre vie de famille, vos entreprises, et votre vie professionnelle. Cette année, mandatez les anges des quatre coins de la terre afin qu'ils vous apportent les opportunités, la distinction dans les affaires et les clients.

À un moment de ma vie, je me réveillais tôt et, placée devant ma fenêtre, je priais et j'appelais les clients des quatre coins de la terre. J'activais le ministère angélique pour attirer mes clients vers moi. Vous aurez des clients qui vont reconnaître que malgré la concurrence, ils préfèrent travailler avec vous, certains parmi eux deviendront vos ambassadeurs, et parleront de vos produits un peu partout. Pourquoi ? Le ministère angélique est activé.

Les anges viendront briser les forteresses

En activant le ministère angélique, les légions d'anges

iront briser les forteresses, terrasser le chemin pour vous. Si vous avez l'intention de voyager durant cette année, activez le ministère angélique pour vous précéder là où vous allez.

Dans la vie, nous avons souvent des personnes qui prennent des décisions qui nous impactent et nous affectent. Ça peut être au niveau de l'immigration, de votre emploi avec votre employeur, des autorités du pays ou des leaders dont vous êtes sous le leadership.
Ces derniers prendront les décisions pour vous et elles auront un impact sur votre vie, sur votre destinée, sur vos enfants, sur vos finances… Le ministère angélique fera en sorte que Dieu parle à ces gens pendant qu'ils dorment. Ils auront une visitation angélique, alors qu'ils sont en train de prendre ces décisions et ils décideront en votre faveur.

Quand on dit que la nuit porte conseil, ce sont les anges qui viennent parler dans le songe. Le ministère angélique vous sera très bénéfique cette année. Ceci est une recommandation divine. Les protocoles ne sont pas des conseils, mais des recommandations divines.

PROTOCOLE 4 : CHERCHER LA PAIX PAR LE PARDON ET L'HUMILITÉ

Savez-vous qu'il existe de très belles personnes qui prient beaucoup, mais qui sont bloquées parce qu'elles n'acceptent pas de pardonner ? Cette année, ne tombez pas dans ce piège, ayez un cœur d'enfant et allez chercher la paix chez toutes ces personnes qui vous ont offensé ou que vous avez offensées. Je vous recommande de faire le premier

pas, même si votre cœur est lourd. Vous vous sentirez plus léger après.
Généralement, les troubles, les incompréhensions et les malentendus surviennent beaucoup plus avec des personnes qu'on a beaucoup aimées, considérées et avec qui on a partagé de grandes choses. Lorsque ces situations imprévues arrivent, elles vous déchirent le cœur et vous rendent parfois amères. Quand désirez réussir, vous devez écouter cette petite voix au fond de vous qui vous demande de faire acte de charité auprès de ces personnes.

Donnez-leur une parole de paix. Dites-vous que votre destinée est plus importante que le différend qu'il y a bien pu naître entre vous. N'oubliez pas que seuls ceux qui ont le cœur d'enfant, les artisans de paix, hériteront du Royaume des cieux. Je me rappelle du témoignage de cette dame qui ne parlait plus avec sa mère depuis des années parce que cette dernière lui avait fait du mal. Elle a gardé cette offense dans son cœur pendant des années.

Cependant, plus le temps passait, plus elle était mal à l'aise, jusqu'au jour où elle a décidé de sortir de la vaine manière de vivre pour aller se réconcilier avec sa mère. En toute humilité, elle était allée voir sa mère et s'est agenouillée pour lui demander pardon. Émue par ce geste, cette dernière a commencé à pleurer et a rendu grâce à Dieu d'avoir écouté ses prières.

Après cette étape, beaucoup de choses se sont débloquées dans sa vie cette même année, et elle a créé une entreprise qui a du succès aujourd'hui. Le manque de paix peut être un frein à votre prospérité. Dieu peut vous fermer certaines portes jusqu'à ce que vous pardonniez et rétablissiez la paix avec certaines personnes. N'oubliez pas que la parole dit que Dieu accueille les humbles et vomit les orgueilleux.

3 choses capables de freiner votre paix

- **Le fait d'attendre que ce soit l'autre qui fasse le premier pas**

Quand c'est un problème qui engage votre destinée, il y a de fortes chances que la personne ne vienne pas vers vous en premier, même si c'est elle qui a tort, car cela arrange l'ennemi que vous ayez ce blocage. C'est la raison pour laquelle vous devez être sensible au Saint-Esprit. S'Il vous presse de faire quelque chose, obéissez pour avoir la paix, et observez ce qui va se passer. Cependant, n'attendez rien en retour de la personne. Elle peut être bien disposée à vous recevoir, comme elle peut vous repousser. Néanmoins, vous aurez fait ce qu'il faut pour libérer votre destinée.

- **Le fait de penser que nous avons raison**

Un jour, j'ai été témoin d'une situation entre deux sœurs. L'une avait pris le bien de l'autre sans son consentement pour résoudre ses problèmes. Quand l'autre l'a su, elle s'est mise dans une grande colère au point d'amener l'affaire à la justice. Au tribunal, celle qui avait été dérobée d'un bien clamait qu'elle avait raison dans l'histoire et qu'il fallait qu'on punisse sa sœur. Au fond, elle n'avait pas tort. De son côté, celle qu'on accusait en voulait à sa sœur parce qu'elle estimait qu'elle n'aurait

pas dû traîner le problème auprès des autorités judiciaires.
Ces sœurs sont restées éloignées pendant des années, jusqu'au jour où Dieu a touché le cœur de celle à qui on avait dérobé le bien. Elle s'est rapprochée de sa sœur et les deux se sont expliquées. Elle avait réalisé que depuis qu'elle avait eu cette situation, elle était allée de trahison en trahison. Elle avait eu la conviction de faire la paix avec sa sœur pour que le différend n'atteigne pas leurs enfants.

Cela veut-il dire que nous devons accepter qu'on nous marche dessus ? Non, pas du tout ! Nous devons être assez sensible quand l'Esprit nous recommande de faire la paix avec des personnes, même quand c'est nous qui avons raison, car l'autre peut avoir été blessé.

- **Le fait de penser que le temps résout tout**

Le temps apaise le cœur, mais ne fait pas oublier le mauvais ton utilisé lors d'une séparation. Le temps ne peut pas remplacer une parole de paix. Même lorsque vous vous donnez du temps pour faire baisser votre colère, ça ne vous aide pas automatiquement à rétablir la confiance entre vous et votre vis à vis, ou faire cesser les mauvais ressentis. Si vous avez besoin de temps pour vous calmer, allez-y, mais ayez assez de force pour revenir avec une démarche pour rétablir la paix.

Cette année doit être très particulière et pleine de succès, ne laissez pas passer votre bénédiction à cause de l'orgueil ou du manque de pardon. J'entre dans ces détails pour que vous puissiez comprendre à quel point il est important pour vous de manifester la paix cette année. Les mêmes causes produisent les mêmes effets. Cette année, essayez la paix et vous verrez une délivrance, vous observerez un changement spectaculaire.

PROTOCOLE 5 : LES NON-NÉGOCIABLES

Il existe des non-négociables à pratiquer chaque année pour reproduire le succès. Depuis que j'ai été enseignée sur ces choses, j'ai toujours mis un prix d'honneur à les appliquer et je peux observer la croissance année après année.

a. Les prémices

Les prémices représentent les premières manifestations de quelque chose d'important, le début de quelque chose de grand. La parole de Dieu nous encourage à donner nos prémices à chaque début d'un cycle, chaque début d'une année, chaque début d'une nouvelle grâce, ou d'une nouvelle percée. Étant rendu au début d'une nouvelle année, n'hésitez pas à donner à Dieu tout ce que vous aurez en premier. Ça peut être votre premier bénéfice sur une affaire ou sur une vente, votre premier salaire… Certains vont plus loin en donnant à Dieu les premières heures ou les premiers jours de leur année.

Il faut le faire avec un cœur joyeux et bien disposé. En donnant vos prémices à Dieu, il bénira le reste de l'année et multipliera toutes les autres choses que vous recevrez. Il est cependant important d'apporter une précision. Lorsque vous faites du business, les prémices se prélèvent sur votre bénéfice et non sur votre capital. Si vous donnez tout votre capital, vous n'aurez plus rien après pour faire tourner vos affaires.

b. La dime

Pour réussir votre année, faites l'effort de payer votre première dîme. Cela guidera le reste de l'année, car vous trouverez que c'est plus facile pendant le reste de l'année. La dîme représente un dixième de votre revenu, un dixième de votre bénéfice, un dixième de votre bénédiction.

La dîme chasse le dévoreur qui est là pour détruire ce que tu as gagné. Le dévoreur n'est pas nécessairement là pour t'empêcher de gagner des choses, mais pour détruire et faire en sorte que tu ne puisses pas jouir de ce que tu as gagné. C'est la raison pour laquelle certaines personnes travaillent beaucoup, mais on ne voit pas le fruit de leur travail.

Vous pouvez beaucoup travailler, et perdre beaucoup en payant les contraventions, les médicaments, en tombant tout le temps malade, ou en ayant constamment des enfants malades. Quand vous ne payez pas la dîme, il y a toujours un problème qui survient de nulle part et vous pousse à dépenser ce que vous avez eu à gagner. Pour éviter ce genre de choses, payez la dîme.

c. L'honneur que tu dois donner à certaines personnes.

Quand vous souhaitez expérimenter le succès, vous

devez apprendre à honorer certaines personnes en début d'année. Ce simple geste vous ouvrira les portes pour le reste de l'année. Qui devez-vous donc honorer ?

Premièrement, pour une personne qui n'est pas mariée, honorez vos parents, appelez-les, faites-leur des cadeaux et demandez-leur de vous bénir. La bénédiction des parents s'active par une offrande. Si vous n'avez pas donné d'offrande à vos parents en fin d'année, rattrapez-vous au début de l'année. Si vous l'aviez déjà fait en fin d'année, appelez-les, souhaitez-leur une bonne année et demandez-leur de prier pour vous. En priant pour vous, ils déclareront des paroles et, miraculeusement, vous verrez durant votre année que ces paroles s'accomplissent dans votre vie. Ceci est un véritable secret de champion.

Ensuite, pour ceux qui sont mariés, priez avec votre mari, et honorez-le particulièrement. Ne l'honorez pas seulement en tant que votre époux, mais aussi en tant que votre autorité spirituelle. En tant qu'épouse de roi, vous devez comprendre ces choses essentielles. Votre époux représente une autorité spirituelle dans votre vie et vous devez l'honorer en tant que tel.

Puis, vous devez honorer vos mentors. Si vous avez des mentors ou des personnes que vous considérez comme des mentors, honorez-les particulièrement. Honorez également votre sacrificateur. Il peut s'agir des personnes qui prient pour vous, qui vous enseignent la parole, ou des personnes qui vous apportent un message spécifique de Dieu pour vous. L'honneur cumule la parole et l'offrande. Ces choses se préparent longtemps à l'avance. Personnellement, je commence à me préparer dès le mois de Septembre.

Si vous n'avez pas un cadeau physique à leur apporter, apportez-leur un bon message de gratitude et de bénédictions. Je déconseille les messages génériques que les gens envoient en masse. Évitez les photos et les affaires prises sur Internet pour souhaiter bonne année aux autorités.

Ne faites pas ça à vos mentors, ne faites pas ça à vos sacrificateurs, ne faites pas ça aux personnes qui sont importantes. Il est encore préférable de ne rien envoyer. Attendez quand vous êtes disponible pour leur rédiger un beau message, même si c'est à partir du 20 janvier. Cela leur permettra de constater qu'ils ont une exclusivité dans votre vie.

d. Les déclarations prophétiques

Très souvent, on a tendance à écouter les déclarations des autres sur la nouvelle année et on se connecte à leurs prières. Ma question pour vous est de savoir si vous avez prévu vos propres déclarations pour la nouvelle année. Sachez que la parole est vie. C'est avec la parole que Dieu a créé l'univers tout entier. Utilisez votre parole pour posséder ce que vous désirez chaque année. Personne ne peut le faire à votre place, même si elle vous aime beaucoup.

Vous devez devenir mature spirituellement pour comprendre qu'il y a des choses que vous devez vous lever et faire par vous-même. Prenez un moment spécial et bénissez chaque mois de votre année, chaque semaine, chaque jour. Déclarez ce que vous voulez voir arriver cette année, appelez à l'existence ce qui n'existe pas encore. Faites-le et vous verrez comment Dieu vous bénira. Pendant que vous faites ces déclarations, ayez toujours à portée de main un calepin pour noter les paroles que vous pourrez recevoir de Dieu. En décembre, revenez lire ces notes et vous constaterez que tout au long de l'année, Dieu a été votre conducteur, votre pourvoyeur et votre puissant guerrier.

e. Le jeûne

La parole de Dieu nous dit qu'il y a certaines choses qu'on détrône uniquement par la prière et le jeûne. Cette année, commence avec le jeûne. Le but du jeûne, c'est de vivre la privation volontaire dans le but de disposer son esprit à recevoir et à percer les réalités divines.

Il existe plusieurs façons de jeûner. Vous pouvez le faire par :

- Privation de nourriture pendant une certaine période. Certains iront de 6h à 18h sans manger, d'autres de 6h à 12h en fonction de leur santé. Cependant, il n'est pas recommandé aux femmes enceintes et aux malades de jeûner de la nourriture ;

- Sélection alimentaire. Il s'agit de ne consommer qu'un type d'aliments bien précis. Certains l'appelleront le jeûne de Daniel. Dans ce type de jeûne par exemple, on ne consomme que des fruits ;
- Privation des choses qu'on aime beaucoup. Certains vont jeûner en évitant de regarder la télévision, en se privant des réseaux sociaux, ou en s'abstenant de passer de longues heures sur WhatsApp. D'autres s'abstiendront des mauvaises habitudes comme le vol, le commérage, etc.

Le plus important est de se priver pour être dans la prière. Si l'élément prière manque, alors vous ne jeûnez pas !!!

Quelques recommandations pour optimiser votre temps de jeûne

Pendant cette période, rentrez véritablement dans le secret et cherchez la face de Dieu. Soyez focalisé et laissez Dieu vous parler. Si d'habitude vous êtes une personne qui mange énormément, réduisez considérablement vos fréquences et vos quantités. Si vous êtes accro aux conversations sur WhatsApp, c'est l'occasion d'éviter cela pendant votre temps de jeûne. En somme, changez vos habitudes pour mieux écouter la voix de Dieu. La façon dont vous commencez votre année indique comment vous mènerez tous les autres jours de l'année.

Cette année, nous devons accomplir de grandes choses. Pourquoi ne pas payer le prix de la concentration dès le départ ?

Ces non-négociables doivent être appliqués chaque année. Je prie que le Saint-Esprit vous aide à les comprendre et à les appliquer afin de voir la grâce surabondante dans votre année. Vous servez un Dieu qui change l'histoire des gens, c'est le Dieu qui vous fait dormir comme prisonnier et vous vous réveillez premier ministre comme Joseph. C'est ce Dieu que vous servez. C'est ce Dieu qui agit dans votre vie et qui agira chaque année. Faites-lui confiance. Appelez-le dans votre histoire. Appelez-le dans votre destinée et marchez avec lui. Il se glorifiera dans votre histoire et vous aurez la paix

PROTOCOLE 6 : CONSOLIDER LES ACQUIS

Celui qui bâtit doit faire attention de ne pas détruire après lui. Le sage met en place des processus pour préserver le fruit de son labeur. Quand vous commencez une année, vous ne partez pas de zéro, vous continuez sur ce que vous avez entamé les années précédentes. Prenez le soin de maintenir ces succès acquis.

Comment consolider les acquis ?

Ce qui vous a conduit au sommet vous y maintiendra. Ce qui vous a permis d'avoir des résultats vous permettra de les conserver. Rappelez-vous de ces choses, ces lois, ces principes, ces personnes qui vous ont aidé à avoir votre succès et refaites la même chose. Pour ceux qui sont en affaires, n'abandonnez pas une ancienne entreprise pour créer rapidement une autre sans être sûr que la première peut survivre. Mettez de l'argent de côté pour faire tourner vos anciens projets.

3 stratégies pour préserver les acquis

- Faire l'inventaire de ce que nous voulons garder et voir grandir.

Toutes nos acquisitions n'ont pas la même valeur à nos yeux, il y en a dont on peut s'en défaire sans problème et d'autres qui nous tiennent à cœur, et jouent un rôle crucial dans notre vie. Il faut les identifier et développer des stratégies pour les maintenir en vie, sans notre intervention récurrente.

Tel on n'abandonne pas un enfant qui n'est pas encore autonome pour se concentrer sur un nouveau bébé, tel vous ne devez pas abandonner votre jeune projet ou entreprise pour en créer une autre. Continuez à la financer s'il le faut jusqu'à ce qu'elle soit autonome. C'est fastidieux comme tâche, mais ça vaut amplement la peine si on veut des résultats.

- Déléguer des tâches à des personnes dignes de confiance.

Une personne qui réussit tout ce qu'elle entreprend ne travaille jamais seule, elle s'entoure des personnes de confiance à qui elle peut déléguer des tâches importantes et même confidentielles. Payez le prix pour avoir ce genre de personnes auprès de vous, traitez-les bien et récompensez-les régulièrement. Ces personnes sont le prolongement de votre force. Elles vous permettent de grandir comme les cèdres du Liban. Un jour, j'ai demandé à une de mes mentors quel était son secret pour faire tant de choses en une année. Elle m'a confié qu'elle déléguait beaucoup.

PROTOCOLE 7 : LES SOURCES DE REVENUS PROPHÉTIQUES

En cette saison, Dieu présente plusieurs sources de revenus comme étant des domaines porteurs. Je prie pour que puissiez avoir l'ouverture d'esprit nécessaire pour saisir votre portion. Lorsque Dieu veut vous bénir, Il commence toujours par une semence. La Bible nous enseigne qu'il existe deux types de semences, qui créent à leur tour deux types de sources de revenus.

« ***Voici, je vous donne pour vous en nourrir, toutes plantes portant sa semence partout sur la terre, et tous les arbres fruitiers portant leur semence.*** »

Genèse 1 :29

Ce verset du livre de la Genèse nous permet de constater que Dieu donne à tout le monde deux types de semences.

- Le premier type de semences provient des plantes

Il s'agit des semences qui produisent les éléments tels que le maïs, le haricot, la fève, le blé, les radis, les fraises, les carottes, les courgettes. Généralement, ce type de semences ne produit que des plantes.

- Le deuxième type de semences provient des arbres fruitiers

Il s'agit de toute semence provenant des arbres fruitiers tels que le manguier, le prunier, le figuier, l'avocatier, le goyavier et tous les autres que vous pouvez connaître.

Quelle est la différence entre ces deux types de semences ?

Les semences issues des plantes ont un temps de pousse court. Après les avoir exploitées une fois, on est obligé de renouveler la semence pour espérer obtenir à nouveau les fruits. Prenons le cas du maïs. Il a un temps de pousse de trois mois. Après ce moment allant approximativement de 100 à 120 jours, on s'attend à voir les épis de maïs émergeant des branches. Dans le cas du haricot, après 50 à 60 jours, c'est à dire à peu près un mois et demi ou deux mois, c'est le constat qui est fait également. Ce grain d'haricot vous produit d'autres grains d'haricot que vous pouvez exploiter.

Dans le cas des arbres fruitiers, c'est complètement différent. Les arbres fruitiers prennent beaucoup plus de temps de pousse. Le cas du manguier est très explicatif ici. Il prend environ 8 ans de croissance avant de commencer à produire du fruit. Le prunier produit ses premiers fruits après 7 ans et le figuier, après 4 à 5 ans. Quant au pêcher, il opère sa première production entre 3 à 5 ans après sa semence. Ce dernier est sans doute l'arbre fruitier dont la croissance est la plus rapide sur la planète Terre selon les scientifiques.

Ce qui est intéressant de constater avec ces arbres fruitiers, c'est que lorsqu'ils ont commencé à porter du fruit, leur récolte se fait désormais par cycle. Les fruits apparaissent chaque fois à une période bien spécifique, sans qu'on ait besoin de fournir le moindre effort. Le manguier généralement a sa saison durant les mois de juin, juillet et août ; et ça se répète ainsi chaque année.

Il est important de souligner que c'est le fait d'avoir atteint sa maturité qui donne la capacité à un manguier de produire du fruit lorsque sa saison arrive. Selon les scientifiques, cet arbre peut avoir un temps de vie de plus de 100 ans sur terre. Ce qui est complètement différent du maïs, du haricot, de la fraise, des carottes, de la salade, de la fève, du blé, des plantes qui doivent être semées à chaque fois qu'on aura besoin que ça produise.

Une fois que vous avez dissocié l'épis de maïs de la plante qui le porte, vous ne pouvez plus utiliser ce qui reste. Il faudra investir encore une autre semence de maïs en terre pour obtenir un autre épi. La différence entre les plantes et les arbres fruitiers est claire.

Que devons-nous retenir de cette différence par rapport à nos finances et nos sources de revenus ?

Dieu te donne deux types de semences. Il te donne celle des plantes qui sont temporaires et limitées, et celle des arbres fruitiers qui prennent certes plus de temps pour croître, mais qui portent régulièrement du fruit selon la saison adéquate lorsqu'ils atteignent la maturité.

D'une part, vous aurez des business qui, dès leur lancement, vous donneront directement de l'argent, sans tarder. Mais pour que l'argent continue de rentrer et d'affluer, vous devrez travailler encore et encore. D'autre part, vous aurez d'autres business qui, après leur démarrage, prendront beaucoup de temps pour grandir. Ça vous prendra assez de temps pour prendre forme et atteindre la notoriété nécessaire pour exploser. Une fois que la maturité nécessaire atteint son délai, les chiffres explosent. Les personnes qui ont déjà investi dans l'immobilier, que ce soit dans l'achat d'une parcelle ou la construction d'une maison, peuvent le comprendre aisément.

Pour expérimenter le succès cette année, vous devez posséder ces deux types de sources de revenus.

PROTOCOLE 8 : DÉVELOPPER SA GRAINE ET COMMENCER QUELQUE PART

Chaque année, Dieu donne une graine, Il donne la semence au semeur. Si vous vous considérez comme un semeur, vous recevrez votre graine.

Que faire avec la graine lorsqu'on l'a reçue ?

La graine est généralement toute petite, insignifiante et on peut la négliger. Cependant, elle peut être le début des grandes choses dans l'histoire d'un homme. En début d'année, vous recevrez des idées d'activités ou de perfectionnement de vos activités. Prenez cela comme votre graine de départ et développez-la.

Je me rappelle que j'ai répondu à l'appel de Dieu pour développer mes affaires dans un pays par une cliente que Dieu a utilisée pour semer cette graine dans mon cœur. Elle avait passé une commande que nous n'avions pas pu livrer à cause des problèmes de logistique et de douane. Cependant, j'avais été particulièrement dérangée par son cas. J'ai appris avec le temps que quand je manque de paix par rapport à une situation, c'est que Dieu veut me parler, mais je ne suis pas disposée à écouter ou à accepter.

Compte tenu de cela, je me suis calmée et j'étais prête à écouter. C'est ainsi que j'ai reçu la conviction d'ouvrir des bureaux dans ce pays et de servir la clientèle directement sur place. Au début, j'avais des appréhensions, car je n'avais jamais visité ce pays et je n'y connaissais presque personne. La Bible dit "vas-y avec la force que tu as". Mettant de côté mes doutes, j'ai contacté cette même cliente insatisfaite pour lui faire part de mon projet. À ma grande surprise, elle s'est ouverte à moi et m'a avoué qu'avant moi, elle n'avait jamais commandé sur internet par peur, mais quelque chose lui avait dit d'essayer avec moi.

Après maintes hésitations, elle avait cédé. Cependant, son expérience n'avait pas été bonne, car sa commande n'avait pas pu être livrée. Au lieu de se mettre en colère, il y avait cette petite voix qui lui disait de demeurer calme et rassurée. Elle ne pouvait vraiment l'expliquer avec des mots, mais c'est ce qu'elle avait vécu. J'ai compris que Dieu avait préparé un chemin pour moi. Aujourd'hui, ça fait plus de 5 ans que je travaille avec cette dame, et Dieu m'a énormément bénie dans ce pays. Vous voyez que Dieu peut passer par des choses tellement banales pour vous donner votre graine.

5 secrets pour développer votre graine

- Ne simplifiez jamais votre graine et ne la banalisez pas. Dieu se trouve dans les petits commencements. Il est l'architecte des grandes œuvres qui commencent faiblement.

- N'exposez pas votre graine à n'importe qui, si ce ne sont des conseillers autorisés. Beaucoup voient leurs projets mourir parce qu'ils en ont parlé à des mauvaises personnes et ces dernières ont semé le doute et la peur en eux.
- Ne remettez pas à demain ce qui peut être fait aujourd'hui. Soyez proactif pour développer votre graine.
- Ne simplifiez pas vos petites actions. Allez-y avec la force que vous avez. Cette année, prenez courage, et faites ce que vous avez à faire, quelle que soit la réalité. Commencez et avancez au fur et à mesure. Dieu vous donnera la victoire. N'abandonnez pas.
- Parlez à votre graine. Sachez que toute chose, matérielle ou immatérielle, est sensible à la parole. De plus, la parole est créatrice, alors utilisez-la pour créer la réalité que vous voulez. Déclarez de bonnes choses sur votre graine, appelez les

clients, les investisseurs à partir de votre chambre, et vous serez surpris qu'ils entendent et viennent vers vous. Ne vous laissez pas distraire par la lenteur des débuts. Un avion prend du temps pour décoller, mais quand il prend son envol, il plane à des dimensions très élevées.

PROTOCOLE 9 : BÂTIR DES CONNECTIONS DE DESTINÉE ET AVOIR UN AUTHENTIFICATEUR

Voici une recommandation extrêmement importante pour une personne qui veut accomplir de grandes choses. Aucun Homme à succès ne s'est fait seul, on a toujours besoin d'une personne pour nous aider, pour nous conduire.

Voici les 3 groupes de personnes avec qui vous devez évoluer cette année

1. Des personnes qui vous dépassent largement

Il s'agit de cette catégorie de personnes qui ont déjà accompli ce que vous souhaitez réaliser. Elles ont déjà atteint un niveau enviable et vous aimeriez même échanger de place avec elles. Il est important pour vous d'être en contact avec ces personnes, car elles vont vous inspirer, vous conseiller, vous guider, et elles pourront même vous faire profiter de leurs carnets d'adresse.

Cependant, sachez les choisir et entretenir une bonne relation avec elles. Choisissez des personnes qui ne se sentent pas menacées par le succès des autres, des personnes altruistes qui veulent le bien du prochain. Entretenez vos relations avec elles par ces 4 choses : le service, les cadeaux, l'obéissance et l'humilité. Rappelez-vous toujours que c'est vous qui avez besoin d'elles, pas le contraire. Gardez cette attitude d'humilité même quand vous aurez réussi, et je vous assure que ces personnes seront prêtes à aller chercher la lune pour vous. J'ai vu plusieurs jeunes échouer à ce niveau, puis commencer à stagner. Sachez que le succès a ses lois universelles et celui qui les respecte ira de gloire en gloire.

2. Des personnes qui sont au même niveau que vous

Je les appelle les stabilisateurs. Ce sont vos paires, vos camarades de destinées, qui sont encore sur le chemin comme vous. Vous devez être en contact avec quelques-uns afin d'avoir les pieds sur terre, de créer un équilibre, et ne pas être tellement dans le futur, dans le rêve, en oubliant les réalités d'aujourd'hui. Ces personnes vont aussi vous permettre de comprendre que vous traversez des situations similaires, des problèmes identiques. Ainsi, vous ne penserez pas que la vie vous en veut quand les challenges se présenteront. Toutefois, ne tombez pas dans le piège de passer la plupart de votre temps avec ces personnes, car vous êtes tous à la recherche d'une connaissance et d'un pouvoir supérieurs.

3. Des personnes qui n'ont pas encore atteint votre niveau

Parmi vos connexions divines, vous devez toujours avoir des personnes que vous dépassez. Ils vont vous permettre de retransmettre pour mieux comprendre et posséder. Dieu a fait les choses de telle sorte que celui qui donne reçoit davantage. Partagez ce que vous connaissez avec ce groupe de personnes, donnez-leur l'opportunité de vous rendre des services, car c'est important pour leur développement.

Vous serez surpris de l'apport que ce groupe de personnes peut avoir dans votre vie en une année. Je me rappelle qu'à un moment dans mes affaires, j'avais besoin d'un contact très important pour débloquer une situation. J'avais eu la conviction d'en parler à une de mes mentorés. En 5 minutes, elle m'a envoyé le contact et la situation a été résolue le même jour. Chaque personne a sa place dans votre succès ; sachez identifier le rôle et la saison de chacun. Vous verrez comment vous progresserez en accomplissant votre destinée.

À présent, parlons de l'authentificateur.

Il s'agit d'une personne qui ne se présente pas chaque jour, mais qui joue un rôle crucial dans votre ascension. C'est une personne qui vous endosse dans un domaine, qui vous introduit dans un domaine ou dans un milieu. Si vous êtes appelé à aller à des dimensions élevées ou à conquérir de nouveaux territoires, faites attention à la personne que Dieu mettra sur votre chemin pour jouer le rôle d'authentificateur dans cette saison. Dans la parole, au niveau du texte relatant le premier miracle de Jésus aux noces de Cana, l'ordonnateur valide le vin transformé par Lui.

Maintenant, leur dit-il, prenez-en un peu et allez l'apporter à l'ordonnateur du repas.

Jean 2 :8

Qui est l'ordonnateur du repas ? C'est le maître de cérémonie, celui qui coordonne tout dans une fête, celui qui approuve ce qui doit être approuvé, et qui rejette ce qui doit être rejeté : il contrôle la situation.

L'ordonnateur du repas goûta l'eau qui avait été changée en vin. Il ne savait pas d'où venait ce vin alors que les serviteurs le savaient, puisqu'ils avaient puisé l'eau.

Aussitôt, il fit appeler le marié et lui dit : en général, on sert d'abord le bon vin et quand les gens sont ivres, on leur donne de l'ordinaire, mais toi tu as réservé le bon jusqu'à maintenant.

Jean 2 :9

On appelle ceci l'étape de la confirmation. En effet, Jésus avait besoin que la personne qui a le pouvoir de confirmer, le fasse en public. Dans la vie, il y a des paliers que vous ne pouvez pas franchir si une personne autorisée ne vous authentifie pas. Il y a des niveaux que vous ne pouvez pas atteindre si vous n'avez pas ce sceau de distinction.

Ce qui est spécial, c'est que l'authentificateur vient confirmer un changement qui a été fait. Au cours de cette année, vous expérimenterez des changements de statuts, des changements de nom, des changements de pays, des changements de grades, des changements de villes, des changements extraordinaires, etc. Au cœur de ces changements, vous aurez besoin de cet authentificateur qui viendra dire : *"Maintenant, on ne t'appellera plus tel, on t'appellera maintenant comme ça. Maintenant, vous ne vous comportez plus comme ça, vous vous comporterez désormais comme ci."*

Dieu peut utiliser n'importe qui pour être cet authentificateur dans votre vie. Ayez la sensibilité pour discerner qu'il y a eu un changement dans votre vie, qui a été validé et reconnu devant les Hommes.

PROTOCOLE 10 : L'HUMILITÉ ET LA DISCRÉTION

Si nous voulons effectivement posséder tout ce que Dieu a prévu pour nous et, plus important, que ces possessions ne nous détruisent pas, nous sommes obligés de marcher dans l'humilité. C'est une recommandation divine. Ce n'est pas un conseil. J'ai réservé pour vous cinq ennemis et sept bénéfices de l'humilité que je vais vous présenter.

Avant de rentrer dans le vif du sujet, permettez-moi de vous parler d'un extrait du livre " ***Le secret des héros, le manteau invisible*** ", un livre écrit par le pasteur

Ampère Sidol, sous la couverture spirituelle de ***Bishop Dag Hewards Mills,*** un homme de Dieu très connu. Cet extrait m'a fortement impactée et je crois que Dieu veut que je le partage avec vous.

Dans ce passage, l'auteur raconte l'histoire d'un homme de Dieu qui avait vécu une expérience surnaturelle dans laquelle Dieu l'avait amené au ciel, au pied d'un des pasteurs dont il était sous le leadership. Ce dernier était déjà décédé. Dans l'expérience surnaturelle, dès sa rencontre avec le pasteur, il vit sa tristesse. Il ne comprenait pas pourquoi ce pasteur était aussi triste alors qu'il était au ciel avec le Père.

Lui-même, pendant qu'il s'avançait vers le pasteur, il ressentait une tristesse, il ressentait des reproches, il avait mal dans son cœur parce qu'il se disait : "Je n'ai pas honoré ce pasteur comme je devais l'honorer pendant son vivant. Je n'ai pas été juste avec lui, certainement il m'en veut."

Quand il approcha jusqu'à arriver auprès du pasteur, celui-ci lui dit : "Je te demande pardon, je veux m'excuser auprès de toi. Tu fais partie des personnes envers lesquelles je n'ai pas accompli ce que Dieu voulait que j'accomplisse à cause de mes désirs et de mes passions, à cause de mon insécurité. Je ne t'ai pas accepté sous mon leadership comme je devais le faire, je ne t'ai pas formé comme je devais te former, je n'ai pas été avec toi comme je devais être, parce que je me sentais insécure." Il continua en disant : *"Tu étais une personne qui ne supportait pas le leadership, tu étais une personne qui ne faisait qu'à sa tête et ça me dérangeait beaucoup parce que je me rendais compte que si je te forme, tu pourras prendre ma place. Je me disais qu'en te formant, tu viendrais contrecarrer mon leadership, tu serais une épine sous mon pied. Je t'ai repoussé, j'ai repoussé plusieurs autres personnes comme toi avec lesquelles je me suis senti en insécurité. Je veux te demander pardon parce que si j'avais été un bon leader envers toi, si j'avais suivi ce que Dieu voulait que je fasse avec toi, tout ce que tu aurais fait dans le futur, tout ce que tu aurais acquis, tout ce que tu aurais manifesté dans ta marche avec Dieu serait compté parmi mes accomplissements. Si cela avait été le cas, cela allait me permettre d'avoir une place plus importante au ciel, auprès des autres personnes qui ont accompli des grandes choses. Aujourd'hui, regarde là où je me retrouve, je suis seulement ici.*

C'est pour cela que je vais te demander pardon, pour que ça me libère davantage."

En écoutant tout cela, le jeune monsieur était tellement étonné, car il ne pouvait pas comprendre comment en dépit des grandes réussites de ce pasteur et des grands accomplissements qu'il avait réalisés dans sa vie physique, il se retrouvait au ciel dans le regret, en disant qu'il l'a rejeté ainsi que plusieurs autres personnes. Cette expérience avait rendu le jeune pasteur très humble et ça lui a permis de comprendre à quel point les choses spirituelles sont différentes de notre conception mondaine, de notre conception charnelle.
Lorsque j'ai lu cette portion, elle m'a beaucoup interpellée sur ma façon de gérer les personnes qui viennent auprès de moi. Ça m'a interpellée sur mon leadership, ça m'a interpellée sur le succès avec Dieu.

1. Les 5 ennemis de l'humilité

Le succès

Le premier ennemi de l'humilité, c'est le succès. Quand nous étudions l'histoire de Saül, nous comprenons que Dieu l'avait élevé en tant que roi après que son peuple soit resté pendant une grande période sans en avoir un à leur tête. À cet effet, il était aimé et acclamé du peuple, sauf que pendant cette période de succès, son cœur est devenu orgueilleux et imbu de lui-même.

Le succès a aveuglé Saül, de telle sorte qu'il ne reconnaissait plus son origine. Il ne reconnaissait plus l'objectif de son succès. Son succès l'a détruit. Il avait été tellement aveuglé qu'il ne comprenait pas que Dieu puisse le remplacer un jour. Quand Dieu le remplaça, il voulut détruire la personne qui avait pris sa place.

Dieu a ouvert mes yeux pour me faire comprendre que le succès a quelque chose de particulier : il te fait oublier ta condition première, il te fait oublier d'où tu viens, ce qui t'a permis d'arriver à ce niveau. En vérité, nous passons tous par cette phase où nous sommes aveuglés par le succès. Il faut être enseigné et être humble, il faut avoir choisi l'humilité pour se comporter différemment, car la tendance humaine est de déshonorer ce qui nous a aidé dans le passé. La Bible nous dit que l'humilité précède la gloire.

La visibilité

Un autre ennemi de l'humilité que Dieu nous a donné, c'est la visibilité. L'histoire d'Absalom, fils du roi David, nous enseignera à ce niveau. Ce dernier se plaçait à l'entrée du royaume pour intercepter ceux qui venaient voir son père en vue de demander de l'aide. Il leur promettait de les aider pour se faire voir, et attirer la sympathie du peuple sur sa personne.

Par contre, la Bible nous parle de l'attitude de David avec Saül lorsque ce dernier était au pouvoir. Lorsque David gagnait un combat, il venait se placer à l'entrée du royaume, il attendait que le roi arrive et il lui attribuait la victoire parce qu'il voulait que celui-ci soit bien vu du peuple.

Ces deux comportements sont complètement opposés. Cette année, posez-vous les bonnes questions. Pourquoi voulez-vous la visibilité ? Est-ce pour impressionner les autres ? Est-ce pour prendre une place qui n'est pas la vôtre ? Faites attention aux réseaux sociaux. La tendance aujourd'hui est de tout afficher et, des fois, s'inventer des fausses vies, juste pour avoir des likes et commentaires des abonnés.

Dieu nous a révélé que tout ce qui est précieux est caché. Si vous avez un sujet de joie, réfléchissez plusieurs fois avant de l'afficher sur les réseaux sociaux. Développez la visibilité pour de bonnes raisons et utilisez-la pour accomplir des choses nobles.

La multitude d'amis

La multitude d'amis c'est pour votre perte, car elle vous empêche d'être humble. Lorsqu'un Homme a beaucoup d'amis, il veut chaque fois leur prouver quelque chose. Il marche sous leur conseil et non sous le conseil de Dieu. Je vous mets au défi de me montrer un Homme qui marche avec beaucoup d'amis et qui évolue sous la conduite de l'Éternel.

Un Homme qui a beaucoup d'amis suit la tendance de ces derniers. S'ils sont ivrognes, infidèles, arrogants, parlent forts ou se moquent des autres, il fera la même chose, qu'il le veuille ou pas, qu'il soit éduqué avec les bases chrétiennes ou pas. Il se comportera de la même façon parce que la multitude d'amis aura un impact sur son comportement.

La multitude d'amis ne peut pas vous aider à garder un sentiment d'humilité ; vous serez conduit par eux. Vous serez influencé par leur système de pensées et par leur vaine manière de vivre. La multitude d'amis s'observe beaucoup dans nos associations. Quand vous vous retrouvez tout le temps dans le conseil des méchants, des moqueurs, l'humilité ne peut pas être votre partage. Vous ne pouvez pas avoir cette graine d'humilité en vous.

La convoitise

Quand vous convoitez les biens de l'autre, quand vous les voulez, lorsque vous voulez posséder ce que Dieu a donné à l'autre, vous ne serez pas humble. Vous voudriez être comme cette personne. Vous feriez tout pour aller chercher ce que cette personne a. Malheureusement vous serez obligé de passer par des chemins obscurs pour y arriver.

La convoitise est très dangereuse quand vous devez être élevé avec Dieu. La personne qui convoite, c'est la personne qui n'apprécie pas ce que Dieu lui donne. La personne qui convoite, c'est la personne qui ne sait pas ce que Dieu a réservé pour elle. La personne qui convoite, c'est la personne qui ne comprend pas ce qu'on appelle la destinée, parce que votre destinée ne peut pas être la même que celle d'une autre.

J'ai une sœur jumelle, nous sommes nées le même jour, de la même mère et du même père, mais ma destinée est différente de la sienne. Si nous commençons à nous convoiter mutuellement nos acquis, cela voudrait dire que nous n'avons pas compris l'une et l'autre ce que Dieu a prévu pour chacune de nous.

Si vous commencez à aimer les choses des autres, vous ne serez pas humble. Les personnes qui ont l'habitude de convoiter ce qui appartient à autrui embrassent facilement la jalousie et les faux témoignages. Elles seront prêtes à tuer pour avoir ce qui appartient à l'autre. Quand on parle de tuer, c'est dans le sens propre et le sens figuré du terme. Ceux qui convoitent sont prêts à détruire les autres pour avoir ce qu'ils ont. Regardez l'histoire de Caïn et d'Abel. Caïn tue son frère pour avoir ce qu'il a, alors qu'il n'est même pas prêt à payer le prix qu'Abel a payé. La convoitise est amie de l'orgueil.

Dieu m'a également parlé de ceux qui sont trop pressés pour avoir les choses. Il s'agit généralement de cette catégorie de personnes qui, étant encore dans leur saison embryonnaire, veulent déjà manifester la même percée que ceux qui sont dans leur saison de récolte. Vous ne pouvez pas être dans les débuts de votre mariage et vouloir le même témoignage que ceux qui ont une expérience de 10 ans ou 20 ans.

La familiarité

La familiarité a cloué plusieurs destinées des personnes qui n'avaient pas le discernement. Quand Dieu place devant vous une personne pour vous guider ou pour vous conduire, vous devez éviter toute forme de familiarité avec cette personne, au risque de ne plus la voir de la même façon qu'au départ.

Quand vous avez un mentor que Dieu a établi dans votre vie et que vous commencez à être trop familier avec cette personne, vous voyez ses défauts, ses manquements, vous la voyez dans des situations où les autres ne la voient pas. Avec cette personne, vous échangez des fois durant de longues heures et il peut arriver même qu'elle demande votre avis sur un sujet, car inconsciemment elle baisse la garde avec vous.

Cette familiarité qui s'installe peut représenter un piège pour vous, car elle vous amènera souvent à dire ce que vous n'auriez jamais dit si ce mentor n'avait pas baissé la garde avec vous. Le problème de la familiarité, c'est que plus elle s'installe, plus l'humilité disparaît et l'orgueil s'élève. À un moment, l'orgueil serait tellement intense que vous pourriez penser que vous êtes au même niveau avec cette personne ou que vous la dépassez. Progressivement, vous allez commencer à noter les choses de la vie qui vous permettent de dire que vous êtes au-dessus de ce mentor.

Nous avons dans la Bible l'histoire de Moïse avec Myriam et Aaron. Ces derniers s'étaient mis à critiquer Moïse parce qu'il avait épousé une femme étrangère. Sa sœur Myriam avait commencé à s'enfler d'orgueil au point de murmurer contre lui.

Dans un livre, un pasteur qui en parlait argumentait en disant que Myriam aurait peut-être imaginé à un moment donné comment, en dépit du fait qu'il soit l'homme qui écoute et parle avec Dieu, il restait quand même ce Moïse qu'ils avaient bercé, qu'ils avaient mis dans la mer et observé comment la fille de Pharaon venait le récupérer. Il restait ce Moïse qui avait tué un homme en Égypte et qui avait fui devant Pharaon. Il se pourrait qu'elle ait commencé à ressasser les points faibles de Moïse et les situations défavorables de sa vie.

En faisant tout cela, elle se serait probablement comparée à Moïse en se disant : "Je suis chantre de l'éternel. Quand je chante, l'onction descend et les gens guérissent de leurs maux. Dieu m'utilise aussi comme lui." En se mettant au même niveau que son frère, elle s'est octroyé le droit de venir lui dire ses quatre vérités. C'est la familiarité qui conduit à ce genre de choses.

Cette année, évitez la familiarité avec des personnes qui représentent une autorité spirituelle devant vous, même votre mari ! L'une des choses que Dieu m'a dites quand je venais de me marier, c'est que mon mari est une couverture spirituelle pour moi. Lorsque vous serez dans votre intimité avec votre époux ou lors de vos moments de détente, n'oubliez jamais qu'il demeure une autorité spirituelle et que vous devez vous comporter dans sa présence en tant que telle.

Vous devez avoir la sensibilité pour discerner quand c'est le chéri qui parle ou quand c'est l'autorité spirituelle. Quand votre époux s'exprime en tant qu'autorité spirituelle, c'est Dieu à ce moment qui est en train de l'utiliser pour vous parler. Je dis souvent aux femmes qu'il y a un niveau de familiarité qu'il ne faut pas atteindre avec son mari, même si vous dormez avec lui tous les jours et qu'il connait votre nudité la plus complète. Il en de même pour les pères spirituels et les mentors.

2. *Qu'en est -il des bénéfices de l'humilité ?*

La gloire

Le premier bénéfice de l'humilité, c'est la gloire. La parole de Dieu dit que ***l'humilité précède la gloire***. Si vous êtes en quête de gloire dans votre vie, si vous recherchez l'élévation, la prospérité ou le bien-être, soyez humble dans votre lieu de travail, dans votre maison, avec vos enfants et avec toute personne que Dieu place devant vous. Si vous êtes une personne déjà élevée en dignité (ministre, chef de cabinet, président de la république, ambassadeur, coach réputé, etc.), qui aspire à continuer à vivre dans la gloire pendant votre vivant et même après votre mort, faites de l'humilité votre manteau.

La grâce de bien finir

À un moment, Dieu a attiré mon attention sur les rois de la Bible. Parmi ceux d'entre eux qui ont mal fini, j'ai réalisé qu'à un niveau, il leur manquait d'humilité. Ils n'écoutaient plus lorsque Dieu leur parlait directement ou lorsqu'il passait par les prophètes. Au lieu d'obéir aux instructions de Dieu, ils cherchaient les vaines gloires. Malheureusement, ils ont mal fini.

Si vous avez l'intention de bien finir, vous devez être humble. Qui est cette personne qui ne veut pas bien finir dans sa vie ? Qui est cette personne qui veut briller au début de sa vie et commencer à misérer lorsque ses enfants ont le plus besoin d'elle ? Qui veut souffrir au moment où il doit s'asseoir et récolter le fruit de son labeur ? Qui veut devenir pauvre ou malade au moment où il doit jouir de toute sa vigueur ? Qui veut à un moment de son parcours être abandonné par son partenaire ou par ses enfants ? Qui est cette personne qui, après sa mort, veut laisser derrière elle des enfants qui croupissent sous les dettes, des enfants qui sont sans abris ou se déchirent, une famille jetée en pâture ? Qui veut finir comme ça ? Personne. Si vous ne désirez pas être cette personne qui termine mal, portez le manteau de l'humilité.

L'honneur

Le troisième bénéfice de l'humilité, c'est l'honneur. Toute personne qui marche avec l'humilité sera honorée. La Bible nous dit que si quelqu'un veut être le premier, il sera le dernier de tous et le serviteur de tous. Vous devez marcher dans l'humilité pour effectivement bénéficier de cet honneur qui vous précède. Nelson Mandela représente l'une des personnes les plus respectées qui ont marqué leur passage sur terre. Ceux qui ont eu l'opportunité de le côtoyer disent que c'était un homme extrêmement humble.

Il a renversé tout un système avec des méthodes pacifiques, pendant qu'on lui opposait les armes. En dépit de la gloire qu'il a expérimentée, il est resté petit. Il est resté humble. Après sa mort, on continue de l'honorer.

Les biens temporels

Les biens temporels représentent les biens de cette terre. Il s'agit des belles maisons, des belles voitures, beaucoup d'argent, les voyages, et toutes sortes de possessions matérielles. Lorsque vous avez été jugés humbles, l'Éternel vous bénit d'une façon incroyable. Parfois, c'est une personne à qui vous avez fait du bien qui revient vous bénir. Quand vous êtes humble, des portes s'ouvrent devant vous et vous profitez des biens temporels.

La royauté

C'est pourquoi quiconque se rendra humble, comme ce petit enfant, sera le plus grand dans le royaume des cieux.

Matthieu 18 :4

La Bible nous recommande l'humilité afin que nous puissions connaître la royauté. David était un homme très humble. Il était humble parmi ses frères et auprès de son père qui ne l'aimait pas parce que c'était un enfant adultérin. Il était humble auprès du roi Saül, que Dieu avait vomi. C'est dans cette humilité qu'il a porté la couronne de roi et, à travers lui, sont nés beaucoup d'autres rois.

La direction divine

Dieu parle aux personnes humbles et leur communique des choses facilement. Quand vous êtes une personne humble, vous mourrez en vous-même pour laisser Dieu prendre toute la place. Quand vous parvenez à réduire votre moi intérieur à zéro, Dieu augmente en vous et vous avez accès à la direction divine.

Il faut qu'il croisse et que je diminue.

Jean 3 :30

Quand Dieu prend toute la place, il vous conduit et vous montre le chemin. Dès lors, vous cessez d'avancer en fonction de vos désirs, de vos passions ou de votre intelligence personnelle. Vous marchez désormais sous le conseil du Saint-Esprit et il vous donne la direction divine.

La paix du cœur

En cette fin des temps, l'une des choses que vous devez absolument expérimenter, c'est la paix du cœur. En cette saison, l'un des corps de métier dont on aura le plus besoin, ce sont les coachs. On paiera des coachs, juste pour les écouter, car en ces moments, les gens manquent beaucoup de paix. De plus en plus, les maux tels que la dépression et la tristesse chronique prennent de l'ampleur dans la vie des personnes. Les gens sont malheureux et essaient de retrouver la paix par tous les moyens. Ils sont prêts à dépenser beaucoup d'argent pour avoir les biens de la terre. Ils se filment ensuite avec ces biens, publient les photos et fondent leur bonheur sur le nombre de likes et de commentaires que ça leur rapporte. L'on a déjà suivi des histoires d'enfants qui ont mis fin à leurs jours parce qu'ils n'avaient pas eu assez de likes sur internet, ou parce que quelqu'un les aurait critiqués dans les commentaires.

Quand vous êtes une personne humble, vous avez la paix du cœur, car votre moi intérieur est réduit à néant et vous n'êtes plus atteint par les choses charnelles. À ce moment, ce sont les choses spirituelles qui remplissent votre cœur. Je prie vraiment que le Saint-Esprit nous aide à posséder cette humilité, à marcher dans l'humilité, à désirer l'humilité et à porter le manteau de l'humilité. N'oubliez pas que vous êtes la prunelle des yeux de l'Éternel. Ne laissez pas les biens de ce monde et le succès apparent vous faire passer à côté de votre destinée, ou de ce que Dieu a prévu pour vous. Vous êtes appelé à briller et à posséder les nations. Ne laissez pas le succès d'aujourd'hui vous disqualifier avant le temps.

CONCLUSION

Merci d'avoir parcouru ce livre jusqu'au bout. Tel est le message que j'ai réservé pour nous afin que nous puissions expérimenter la dynamique du succès chaque année. Je prie que cette année soit vraiment une année extraordinaire, une année de grâce surabondante, de consolidation des acquis, de l'humilité, et de l'harmonie. Je prie afin que nous marchions dans l'obéissance. La Bible dit que l'obéissance vaut mieux que les sacrifices. Marchons dans l'obéissance, et appliquons tous ces protocoles!

Made in the USA
Monee, IL
11 November 2026

68341136R00075